Daniela Schetar

MAROKKO

STÜRTZ VERLAG WÜRZBURG

REISE DURCH MAROKKO

INHALT

Links *Seit 1993 besitzt Casablanca, die größte Stadt Marokkos, auch die größte Moschee des Landes. Sie trägt den Namen des amtierenden Königs, Hassan II.*

Rechts *Fes el-Jedid ist einer der beiden Altstadtkerne von Fes, Marokkos »geistiger« Hauptstadt. Innerhalb der Stadtmauern befindet sich ein Palast, eine Zweitresidenz des Herrschers, wie es sie auch in Meknes, Tetouan und Marrakesch gibt. Die Hauptresidenz Hassans II. jedoch liegt in Rabat. Der frühere Königspalast von Tanger ist heute ein Museum.*

S. 1 *»Kasbah« bedeutet Burg, Festung. Im Süden Marokkos gibt es Hunderte solcher Wehrburgen mit trutzigen Mauern und hohen Türmen, erbaut in der Zeit, als das Reich der Sultane von Süden her ständigen Angriffen der Wüstennomaden ausgesetzt war.*

S. 2/3 *Der Dadès ist einer der bekanntesten Flüsse im südlichen Marokko, zum einen, weil er durch das »Tal der tausend Kasbahs« fließt, zum anderen, weil er einen malerischen Canyon bildet, die Gorges du Dadès.*

S. 4/5 *Chechaouen inmitten des Rifgebirges. Hier wird ein alter, andalusischer Dialekt gesprochen, seit sich 1471 Reconquista-Flüchtlinge aus Spanien hier niederließen.*

S. 6/7 *Ouarzazate ist die erste Stadt, auf die man trifft, wenn man den Hohen Atlas, die höchste Gebirgskette Marokkos, überquert hat. Hier gibt es Golfplätze, gepflegte Gärten und geteerte Straßen. Doch wenige Kilometer außerhalb stößt man bereits auf Kasbahs, wie die hier abgebildete Kasbah von Taourirt.*

Links *Die Architektur und der weißblaue Anstrich der Häuser von Chechaouen im Rifgebirge gehen eindeutig auf andalusische Einflüsse zurück.*

Mitte links *Diese einsam gelegene, eher schmucklose Kasbah steht im Dadès-Tal, wenige Kilometer vor den Schluchten, für die das Tal bekannt ist.*

Mitte rechts *Bei Agadir fällt die grünbewachsene Felsküste sanft in das an dieser Stelle recht tiefe, herrlich blaue Meer ab.*

S. 12/13 *Auf der Djemaa el-Fna, dem bekanntesten Platz von Marrakesch, kommt man sich vor wie in einem orientalischen Märchen, wenn man ab dem späten Nachmittag von Imbiss-Stand zu Imbiss-Stand schlendert, Akrobaten, Schlangenbeschwörern und Gauklern zuschaut und Musikanten und Märchenerzählern lauscht. Hier gefiel es auch Winston Churchill, der in einem Hotel unweit des Platzes zu übernachten pflegte.*

Links *Den Übergang zum Erg Chebbi bilden die Sanddünen von Merzouga, nur etwa 20 Kilometer von der algerischen Grenze entfernt.*

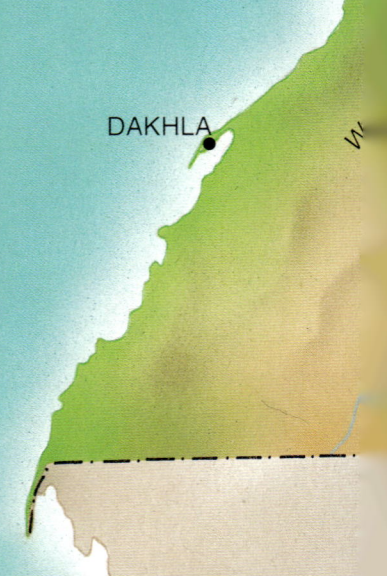

DAKHLA

ATLANTISCHER OZEAN

OASE DER SINNE

Nur eine schmale Meerenge trennt den Süden Spaniens von Marokko. Bei gutem Wetter reicht der Blick vom mächtigen Vorgebirge Andalusiens, dem Felsen von Gibraltar, hinüber auf die Küstenlinie Nordafrikas. Autofähren und Ausflugsboote ziehen weiße Schaumbänder durch die silbrige See, beladen mit Touristen, die gespannt und oft auch etwas ängstlich dem Hafen von Tanger entgegenfiebern. Denn obwohl der Austausch zwischen christlichem Abendland und islamischem Maghreb über die Meerenge hinweg jahrhundertelang aufs intensivste gepflegt wurde, liegen Welten zwischen den Kulturen dies- und jenseits des Mittelmeers.

Jeden Reisenden, der seinen Fuß auf marokkanischen Boden setzt, umfängt diese fremde Welt mit einer unbestimmten Wolke von Düften und Klängen. Schwer hängt ein Potpourri von verschiedensten Gewürzen und Parfums, von frisch gegerbtem Leder vermengt mit den Ausdünstungen von Tieren über den engen Marktgassen. Wie ein silberner Faden zieht das frische Aroma grüner Minze oder der herbe Geruch einer *kahwa*, des köstlichen arabischen Mokka, durch die Läden des Souk. Geschäftig und lautstark wird gehandelt und gestritten, werden Freunde begrüßt und Kunden gelockt. *Balek, balek* warnen die Eselstreiber, die ihre schwer beladenen Tiere in halsbrecherischem Tempo durch das Menschengewimmel jagen, *allahu akbar* knarzt es aus altersschwachen Lautsprechern von den Spitzen der Minarette zur Stunde des Gebets. Ein Chaos oder eine »Oase der Sinne«, wie Marokkos Tourismuswerber ihre Heimat anpreisen? Das westlichste Land Nordafrikas ist wohl beides und noch vieles mehr. Moderne Badehotels an feinsandigen Stränden, kühle Gebirgsoasen inmitten schneebedeckter Gipfel, prunkvolle Paläste und Moscheen im Schutze mauerumgürteter Städte und wehrhafte Lehmburgen am Rande der flirrenden Wüste – Marokko verzaubert seine Gäste mit immer neuen Überraschungen und Bildern, die mit rauschhaften Farben die Märchen aus Tausendundeiner Nacht heraufbeschwören.

Doch unweigerlich haben auch die positiven wie negativen Errungenschaften der Moderne im Königreich Einzug gehalten: Schnurgerade Avenuen prägen das Bild

S. 14/15 *Die Stadtmauern von Marrakesch sind weltberühmt. Marrakesch, heute die mondänste Stadt Zentralmarokkos, entwickelte* *sich aus einer Festung, die im frühen Mittelalter von einer strenggläubigen Berberdynastie erbaut wurde.*

der unter französischer Kolonialherrschaft erbauten Neustädte, heruntergekommene Sozialbauviertel und slumähnliche Vororte umschließen die ehrwürdigen Medinas. Und dennoch: Die junge Studentin in engen Jeans, die ihre Hand schützend gegen den »bösen Blick« erhebt, der gewandte Touristenguide, der abends in frommer Demut die tagsüber verpassten Gebete spricht, oder der Alte, traditionell gekleidet in *djellaba* und *chech*, der seinen Handel mithilfe eines solarbetriebenen Taschenrechners abschließt – sie alle versuchen, Überliefertes zu bewahren und mit den Erfordernissen der Zukunft in Einklang zu bringen.

Objekt fremder Begehrlichkeit

Lange bevor römische und arabische Kolonisatoren das westlichste Land Nordafrikas besiedelten, lebten hier Berberstämme als Ackerbauern und Viehzüchter. Doch schon im 12. Jh.v.Chr. gründeten phönizische Kaufleute Handelsniederlassungen an den marokkanischen Küsten. Eintausend Jahre später streckte die damalige Weltmacht Rom ihre gierigen Finger nach Marokko aus. Ihnen folgten die Vandalen, dann Byzantiner, bis arabische Wüstenkrieger im Jahre 682 für lange Zeit europäisch-christlichen Ambitionen auf afrikanischem Boden ein jähes Ende setzten: Die Eroberung des Landes durch die Reiterheere unter dem Feldherrn Oqba ibn Nafi war das einschneidendste Ereignis der marokkanischen Geschichte. Es brachte als mächtige Religion den Islam und als neue Sprache das Arabische an die Nordwestküste Afrikas.

Die Berber, dieses wehrhafte und in sich doch so uneinige Volk, haben lange Zeit Widerstand gegen jede neue Fremdherrschaft geleistet. Das Hinterland und die Gebirgsregionen des Atlas haben weder Römer noch Byzantiner befrieden können. Ihre Städte und Handelsniederlassungen gründeten sie nur an den Küsten des Mittelmeers und des Atlantik oder im fruchtbaren Becken westlich des Mittleren Atlas, wo zwischen FES und MEKNES noch heute die Ruinen von Tempelanlagen und Villen vom einstigen Wohlstand der römischen Patrizier künden.

Auch Oqba ibn Nafis Eroberungsversuche scheiterten zunächst an der Gegenwehr der Ureinwohner. Doch nach dem Sieg der Araber übernahmen die Berber den Islam erstaunlich schnell und schlossen sich mit Feuereifer dem muslimischen Heer an, das zur Eroberung des christlichen Europa über die STRASSE VON GIBRALTAR setzte.

Place Hassan II. im Zentrum von Tetouan, der »spanischsten« aller Städte des Maghreb. Die weißen Häuser, die andalusische Küche und das Sprachengemisch sind ein Vermächtnis aus kolonialer Zeit: Von 1912 bis 1956 war Tetouan das Verwaltungszentrum von Spanisch-Marokko. Ausgerechnet an diesem Platz, der heute nach dem regierenden König benannt ist, hatten die Spanier ihren Regierungssitz.

Oben *Der frühere Regierungssitz der spanischen Besatzer dient dem marokkanischen König heute als Zweitresidenz. Der Königspalast von Tetouan liegt der Medina gegenüber. Der lokalen Architektur entsprechend, hat er nichts vom Luxus und den üppigen Arabesken der anderen königlichen Paläste.*

Unten *Trotz des markanten spanischen Einschlags hat auch Tetouan eine Medina mit typisch arabischem Gassengewirr. Beim Bummeln durch dieses Labyrinth leuchtet einem die Bedeutung des arabischen Namens der Stadt ein, der in etwa lautet: »Halte die Augen offen«.*

Berberkrieger und Dynastien

Die erste große islamische Dynastie Marokkos, die Idrissiden, begründete Moulay Idriss I. (788–804), ein direkter Nachfahr des Propheten Mohammed. Doch der legendäre Kalif Harun al-Raschid im fernen Bagdad ließ ihn aus Furcht vor Konkurrenz ermorden. Das Grabmal des Moulay Idriss im gleichnamigen Wallfahrtsort unweit von MEKNES gilt heute als das bedeutendste religiöse Heiligtum Marokkos.

Eine neue Reichseinigung sollte erst den Almoraviden im 11. Jh. wieder gelingen. 1062 gründeten sie MARRAKESCH und machten es zur Hauptstadt ihres Großreiches, das auch MAURETANIEN und das südliche SPANIEN einschloss. In Architektur und Dekor der almoravidischen Moscheen, Medersen und Paläste verschmolzen traditionelle Bauelemente des islamischen Nordafrika mit andalusischen Einflüssen. Fassaden und Räume wurden üppig mit geometrischen Ornamenten und floralen Motiven dekoriert, in Stein, Gips oder auf lasierten Kacheln. Seinen Höhepunkt erreichte der hispano-maurische Baustil unter den Almohaden (1130–1213). Abd el-Mumen, ihr bedeutendster Herrscher, ließ die Koutoubia-Moschee in MARRAKESCH errichten, seine Nachfolger bauten RABAT zur neuen Hauptstadt aus und schmückten SEVILLA mit einem Gotteshaus. Sein berühmtes Minarett, die Giralda, steht noch heute als Zeugnis der einst glanzvollen islamischen Herrschaft in ANDALUSIEN.

Seit den Almoraviden kamen fast alle neuen Dynastien Marokkos aus dem Süden. Sie entstammten Berbervölkern aus dem ATLAS oder der Weite der SAHARA, deren kriegerische Eliten in den klosterähnlichen Wehrburgen, den *ribat*, ein gottgefälliges Leben führten. Im Namen des wahren Islam wetterten sie gegen das Ketzertum der Städter, lehnten sich gegen die Macht der »verweichlichten« Herrscher auf und vertrieben sie schließlich, um dann selbst binnen kurzem dem luxuriösen Lebensstil zu verfallen. So wechselten in Marokko Epochen politischer Ruhe und des Wohlstands mit Chaos und Umsturzversuchen, Zeiten friedlicher Bautätigkeit und kultureller Blüte mit Phasen der Zerstörung. 1492 verloren die Meriniden ihre letzte Bastion in ANDALUSIEN, das Kalifat von GRANADA. Vor der Rückeroberung Spaniens durch die christlichen Heere flüchten Muslime und Juden nach Nordafrika. Viele angesehene Künstler und Wissenschaftler jener Zeit wählten Marokko zur neuen Heimat. Mitte des 17. Jhs schwangen sich mit den Alaouiten erneut direkte Nachfahren Mohammeds zur Herrschaft über Marokko auf. Sie kamen aus dem südmarokkanischen TAFILALET. Ihnen gelang, was ihren Vorgängern versagt blieb. Sie überstanden Berberaufstände und die französische Kolonialherrschaft (1911–1956) und stellen seit nunmehr knapp 350 Jahren die Königsfamilie Marokkos. Seit 1961 wird das Land von Hassan II. als konstitutionelle Monarchie regiert.

Das koloniale Zeitalter unter Frankreichs und Spaniens Ägide hat Marokko manchen Fortschritt wie Straßen und Eisenbahn gebracht. Es bescherte ihm aber auch ein Problem, das bis heute nicht gelöst werden konnte: den Konflikt um die SPANISCHE SAHARA, einen Wüstenstreifen, der bis Mitte der siebziger Jahre unter spanischer Verwaltung stand. Als Spanien 1975 auf seine Kolonie verzichtete, besetzten die Truppen des Königreiches die trostlose Einöde, weil man dort reiche Bodenschätze vermutet. Die Bewohner der Spanischen Sahara, die Sahraouis, fordern jedoch politische Unabhängigkeit für ihre Heimat. Seit Jahren führen sie einen erbitterten Guerillakrieg gegen die marokkanische Militärpräsenz.

Die Königsstädte

Die Königsstädte Fes, Meknes, Rabat und Marrakesch von ehrwürdigem Alter haben stoisch das Ping-Pong-Spiel der Dynastienwechsel überstanden. FES, die älteste, ist die Stadt der Medresen und Moscheen, in denen sich Religionsgelehrte dem Studium des Koran und seinen Auslegungen widmen. Die Fassi, die Einwohner von Fes, sind im übrigen Marokko nicht besonders beliebt. Sie gelten als außerordentlich geschäftstüchtig und als mindestens ebenso hochnäsig – kein Marokkaner, der nicht einige Fassi-Witze zum Besten geben könnte.

Das nahe MEKNES verdankt seinen Aufstieg zur Residenz dem Größenwahn von Moulay Ismail, der sich gerne als marokkanische Version Ludwigs XIV. sah. 1672 ließ er eine neue Königsstadt aus dem Boden stampfen. Doch nicht nur des Prunkes wegen ist Meknes besuchenswert; seine übersichtliche, aber deshalb nicht weniger malerische Medina bietet Orient-Neulingen einen angenehmen »Einsteigerkurs« in Sachen arabische Altstadt. RABAT, die Dritte im königlichen Bunde und Marokkos Hauptstadt, liegt 126 gebirgige Kilometer entfernt beidseits der Flussmündung des Bou Regreg am Atlantik. Hier sollte im 12. Jahrhundert die größte Moschee Nordafrikas entste-

Oben *Das im Hinterland von Agadir gelegene Taroudannt wird wegen vieler Ähnlichkeiten häufig als »Klein-Marrakesch« bezeichnet, vor allem wegen der blassroten Stadtmauern, die noch heute die gesamte Stadt umgeben, und wegen seiner mächtigen Türme, den höchsten, die man südlich des Hohen Atlas zu sehen bekommt.*

Unten *Mitten in Rabat erhebt sich auf einem Hügel die umwallte Chellah-Nekropole. Ursprünglich befand sich hier eine phönizische Ansiedlung, danach kamen die Römer, Berber und schließlich die Araber. Im 13. Jahrhundert wurde daraus die Grabstätte der Meriniden-Sultane. Hier das prächtige Eingangstor der von hohen Mauern umschlossenen Ruinenstätte.*

Oben *El-Jadida bedeutet »die Neue«. So nannten die Bewohner des Binnenlands voller Sarkasmus die Stadt südwestlich von Casablanca, die 1510 von den Portugiesen gegründet wurde, als sie bereits mehrere Stützpunkte am Atlantik hatten.*

Unten *Hauptattraktion von El-Jadida ist eine riesige Zisterne unterhalb der Medina mit einer eindrucksvollen Säulenhalle. Auch sie ist ein Werk der Portugiesen und sollte ihnen im Falle einer längeren Belagerung als Trinkwasserreservoir dienen.*

hen, doch die Bauarbeiten wurden nie beendet. Heute lassen ein Heer von Säulenstümpfen und der wuchtige Quader des Hassan-Turmes die gigantischen Ausmaße nur erahnen.

Umgeben von fruchtbaren Palmengärten und von sandroten Mauern umgürtet, kann MARRAKESCH, die vierte Königsstadt, ihre saharische Herkunft kaum verleugnen. Die Menschen sind strenger, würdevoller als in den lieblichen Tälern um Rabat, Meknes und Fes; ihre Haut ist häufig dunkler und erinnert an Zeiten, in denen Sklaven aus Schwarzafrika auf Marrakeschs Märkten gehandelt wurden. Mittelpunkt der Stadt ist die DJAMAA EL-FNA, ein großer Platz am Eingang zur Medina. Täglich wird hier ein Schauspiel aufgeführt, das einer jahrhundertealten Choreographie folgt. Noch vor Morgengrauen hebt sich der Vorhang zur Ouvertüre: Schwer mit Obst, Gemüse und Getreide beladene Mulis trotten auf den Platz. Die Frommen verrichten ihr Morgengebet; die Fleißigen breiten ihre Waren auf wackeligen Holztischen aus oder schichten sie zu kunstvollen Pyramiden aufeinander. Schon bald finden sich immer mehr Kunden ein; eine Wolke aus Staub, aufgeregtem Feilschen und den Lockrufen der Verkäufer hängt über dem Markt.

Mittags, wenn die Glut der Sonne das geschäftige Treiben beendet, wird es stiller an der Djemaa el-Fna, aber nur für kurze Zeit, bis der Schlußakkord des Spektakels mit einem Schwall von Gauklern, Geschichtenerzählern, Akrobaten und Schlangenbeschwörern über den Platz hereinbricht. Zugegeben, heute werden viele dieser alten Traditionen nur der Touristen wegen wachgehalten, doch noch immer umfängt diese Kakophonie aus Beschwörungen, Märchen, schrillem Geflöte und dumpfen Trommeln die Djemaa el-Fna mit dem Zauber von Marokkos tausendjähriger Geschichte.

Die Urbevölkerung Marokkos

Marokko ist das einzige Land Nordafrikas, in dem mit etwa acht Millionen noch eine nennenswerte Zahl von Berbern lebt. Die Invasion der arabischen Stämme hat die Urbevölkerung des Maghreb aus den fruchtbaren Landstrichen verdrängt. Viele Stämme verbündeten und verschwägerten sich aber auch mit ihren Eroberern und übernahmen deren Sprache und Religion, wenngleich die alten berberischen Bräuche unter dem Deckmantel des Islam weiterlebten.

Die meisten nicht arabisierten Berber leben in den Gebirgs- und Wüstenregionen Marokkos abseits der städtischen Zentren, unterteilt in unzählige Familienverbände mit ganz unterschiedlichen Traditionen. Sich einem familienübergreifenden Verband zugehörig zu fühlen, ist den Berbern fremd. Kein Wunder also, dass es Eroberer im Berberland recht einfach hatten, die untereinander zerstrittenen Grüppchen zu unterwerfen. Später jedoch bissen sie sich am Widerspruchsgeist der Berber die Zähne aus.

Leben unter dem Banner des Islam

Marokkos Religion ist der Islam, der im 7. Jh. von dem Propheten Mohammed in MEKKA im heutigen Saudi-Arabien begründet wurde. Die Glaubenssätze des Koran erlegen den Gläubigen fünf Grundpflichten auf: das Gebet, die Wallfahrt nach Mekka, das Fasten im Monat Ramadan, die Pflicht, Almosen zu geben, und das Bekenntnis zu Allah als dem einzigen Gott. Fünfmal am Tag rufen die Muezzins von den Minaretten der Moscheen die Muslime zu Gebet. Dann eilen die Gläubigen zum Gotteshaus oder breiten ihren Gebetsteppich auf der Straße, an der Arbeitsstelle oder zu Hause aus, um die vorgeschriebenen Gebete gen Mekka gewandt zu vollziehen. Doch die Gesetze des Islam mit dem modernen Leben zu verbinden, sorgt oft genug für Konflikte: Die strengen Fastenregeln des Ramadan lähmen die Menschen und damit die Wirtschaft des Landes, das islamische Recht mit seinen drakonischen Strafen ist mit der Zivilgesetzgebung eines aufgeklärten Staates kaum vereinbar, die patriarchale Gesellschaftsordnung der Religion verträgt sich schlecht mit den Forderungen nach Gleichberechtigung der Geschlechter.

Ursprünglich glaubten die Berber an die segnende oder zerstörerische Kraft der Natur. Quellen galten als heilige Stätten, an denen geopfert wurde, Steine oder Bäume wurden als Wohnsitz von Geistern angesehen. Einige dieser Glaubenselemente fanden im Islam ihre Entsprechung – auch der Koran spricht von guten und bösen Geistern.

Allgegenwärtig ist die Angst vor dem bösen Blick, der Menschen verhexen oder krankmachen kann. Silber- und Lederamulette, in denen magische Kräuter ihre Kraft verströmen, sowie Tätowierungen und Henna im Gesicht und an der Handfläche sollen dagegen helfen.

Oben *M'Diq, der kleine Fischerort am Mittelmeer, ist ein beliebtes Urlaubsziel europäischer Touristen. Früher war er ein Wallfahrtsort. Die koubbas, Mausoleen lokaler »Heiliger«, weisen noch darauf hin.*

Unten *Am Fuße des Berges Tisouka, unweit von Chechaouen im Rifgebirge, steht diese Moschee im maurisch-spanischen Stil – erbaut von andalusischen Mauren, die nach dem Fall Granadas 1492 hier Zuflucht suchten. An klaren Tagen kann man von hier aus die spanische Küste sehen.*

Rechts *In ihren farbenprächtigen Gewändern und mit ihren lauten Glöckchen machen sie auch im dichtesten Gedränge auf sich aufmerksam: die für marokkanische Städte typischen Wasser- und Teeverkäufer.*

Das Land, wo die Orangen reifen

Der knorrige Olivenbaum und die elegante Dattelpalme, unter deren Palmwedeln Obst- und Gemüsekulturen vor der sengenden Wüstensonne geschützt gedeihen können, sind die ältesten Kulturpflanzen des Landes. Dennoch erbringen nicht Oliven und Datteln, sondern Getreide- und Obstkulturen den Löwenanteil der marokkanischen Landwirtschaft die etwa die Hälfte aller Marokkaner ernährt.

Marokkos wichtigstes Exportgut ist allerdings das »geliehene« Phosphat - geliehen, weil die größten Phosphatvorkommen in der annektierten SPANISCHEN SAHARA liegen. Kein Wunder also, dass das Königreich sich heftig gegen die UN-Pläne wehrt, den Sahraouis die Selbstbestimmung über ihre Heimat zurückzugeben. Marokko, das seine Inflationsrate mühsam bei 5,5% stabilisiert hat und mit einem (offiziellen) Anteil von 20% Arbeitslosen leben muß, kann auf diesen gewinnbringenden Industriezweig nicht verzichten, ohne dass seine Wirtschaft Schaden erleidet und ein weiteres Heer beschäftigungsloser Männer Arbeit im nahen Europa suchen muss.

Hoffnungen auf eine bessere wirtschaftliche Zukunft macht allenfalls die stetig wachsende Zahl von Touristen, die Marokko von Spanien her oder über den Charterflughafen AGADIR ansteuern. Reisende auf der Suche nach dem malerischen, archaischen Marokko flüchten jedoch schon bald aus den Hotelzonen ins Landesinnere, wo die Wüste an den Fundamenten mauerbewehrter Städte und Lehmburgen schleift, wo Handwerker und Kaufleute seit Jahrhunderten im Dämmerlicht verwinkelter Medinas ihrem Beruf nachgehen, wo Nomaden und Bauern auf Wochenmärkten um Vieh und Getreide feilschen - wie ihre Väter und deren Väter davor.

Links *Die Berber im Rifgebirge lehnten sich nicht nur gegen die Kolonialmächte auf, sondern lange auch gegen die marokkanische Regierung.*

S.24-25 *Die wohl faszinierendste Stadt am Atlantik ist Essaouira, früher Stützpunkt portugiesischer Seefahrer und lange Jahre Rivalin von Agadir. Auf den Festungsmauern stehen noch heute portugiesische Kanonen.*

S.26-27 *Die Dünen von Merzouga sind erste Ausläufer der riesigen Sandwüste Erg Chebbi, die in Marokko beginnt und sich in Algerien über Hunderte von Kilometern erstreckt.*

BERGE, MEERE UND WÜSTEN

Links Cap Ghir, nördlich von Agadir am Atlantik gelegen, ist der westlichste Ausläufer des Hohen Atlas. Obwohl es in der Nähe der meistbesuchten Küstenstadt Marokkos liegt, findet man am warmen, blauen Wasser mit der tropischen Fischwelt fast menschenleere Strände.

Unten Das hochgelegene Ketama im Rifgebirge bietet herrliche Ausblicke auf grüne Hügel und prachtvolle Zedernwälder. Der Rif erstreckt sich über 350 Kilometer im Norden des Landes parallel zur Mittelmeerküste. Ketama gehört zu den drei bekanntesten Wintersportorten Marokkos.

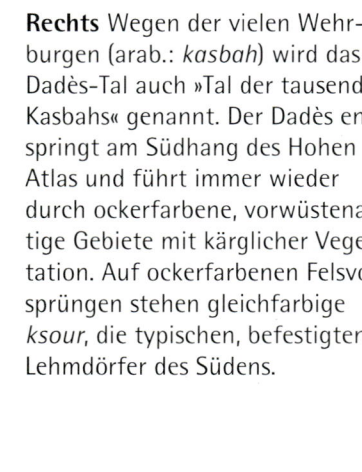

Rechts Wegen der vielen Wehrburgen (arab.: *kasbah*) wird das Dadès-Tal auch »Tal der tausend Kasbahs« genannt. Der Dadès entspringt am Südhang des Hohen Atlas und führt immer wieder durch ockerfarbene, vorwüstenartige Gebiete mit kärglicher Vegetation. Auf ockerfarbenen Felsvorsprüngen stehen gleichfarbige *ksour*, die typischen, befestigten Lehmdörfer des Südens.

Vom Meer bis zu den höchsten Gipfeln

Oben links Südlich von Casablanca, direkt am Meer, liegt die Ortschaft Sidi Abd Er-Rahmane, deren weiße Häuschen sich um ein Heiligtum, eine kleine überdachte *koubba*, scharen.

Oben rechts El-Hoceima, ein kleines Städtchen, das erst 1926 als spanischer Militärstützpunkt gegründet wurde, liegt auf einem steilen Felsplateau oberhalb einer herrlichen Bucht.

Links Bei Asilah, einem Ferien- und Badeort am Atlantik. In früherer Zeit ein Seeräuberhafen, war Asilah noch zu Beginn des 20. Jahrhunderts eine Hochburg von Straßenräubern.

Unten Obwohl es am Atlantik und am Mittelmeer liegt, war Marokko nie eine Seefahrernation. Im Hinterland stößt man auf Schritt und Tritt auf eine bodenständige Kultur, die Küsten aber erzählen die Geschichte anderer Nationen: die der Phönizer, Römer, der Portugiesen und Spanier. Cap Ghir war über viele Jahrhunderte hinweg ein wichtiger portugiesischer Hafen, strategisch günstig gelegen zwischen den von Essaouira und Agadir aus kontrollierten Gebieten. Beide Orte, einst Stützpunkt der portugiesischen Marine, sind heute bedeutende Touristenziele.

Links Diese Moschee unweit von Ketama, im äußersten Norden des Landes, kennzeichnet symbolisch den Übergang vom »blauen« Marokko der Küste zum »grünen« Marokko der Berge. Auf einem der Ausläufer des Rif erbaut, ist sie schon vom Mittelmeer aus zu sehen.

Rechts Die marokkanischen Berge sind wertvolle Wasserreservoirs. Dieser Wasserfall liegt bei Ouzoud im Mittleren Atlas in über 1000 Meter Höhe. Es handelt sich um den Fluss Oued el-Abid, der weiter talabwärts eine Reihe von romantischen, untereinander verbundenen kleinen Seen bildet.

Oben Zedern rund um Ketama im Herzen des Rif. Dank häufiger Regenfälle gibt es auf drei der vier Gebirgsketten Marokkos, dem Rif, dem Mittleren und dem Hohen Atlas, phantastische Wälder.

S.34–35 Der Rif, eine natürliche Mauer, die nur ein paar Dutzend Kilometer von der Küste entfernt schon auf fast 2500 Meter Höhe ansteigt. Sein Anblick hat die Seefahrer seit jeher begeistert. Schon in Urzeiten haben Menschen den imposanten Gipfeln ihre Spuren aufgedrückt, indem sie Felder anlegten und Dörfer bauten. Die stolzen Bewohner des Rif sprechen eine eigene Sprache.

Rechts Sobald im Frühjahr der Schnee geschmolzen ist, überzieht eine wahre Blütenpracht die marokkanischen Berge. Da es rasch warm wird und häufig regnet, bietet der Hohe Atlas fast ein Treibhausklima. Pflanzen, die in Europa nur knapp über Meereshöhe wachsen, gedeihen hier bestens: Diese Agave wurde bei Oukaïmeden, in 2500 Meter Höhe fotografiert.

Unten Die Hänge bei Oukaïmeden, einem der wichtigsten Wintersportorte Marokkos, sind im Frühling blumenübersät.

Links Mit großer Geduld und Ausdauer haben Menschen sich die Fruchtbarkeit der Bergwelt zunutze gemacht. Diese Maisfelder befinden sich in der Nähe von Taddert auf dem Hohen Atlas, zwischen Marrakesch und Ouarzazate, in 1000 Meter Höhe. Die mühsam angelegten Terrassen stehen jedes Frühjahr in Gefahr, bei einer Überschwemmung des nahen Oued Zate weggespült zu werden.

Rechts Der höchste Pass des Landes, der Tizi n'Tichka (2280 Meter), verbindet Marrakesch und Ouarzazate. Eine schmale Straße windet sich die nackten Steilhänge hinauf. Nur die Oleandersträucher machen das Panorama etwas freundlicher. Tizi n'Tíchka und Tizi n'Test waren schon vor langer Zeit wichtige Verbindungsstrecken zwischen dem Norden und dem Süden Marokkos. Jenseits des Passes fällt die Straße zur Sahara hin ab.

Unten Oukaïmeden ist Marokkos Val d'Isère, Cortina d'Ampezzo oder Garmisch: Es ist der bedeutendste Wintersportort. Schneesicher von Dezember bis Juni, verfügt das in 2650 Meter Höhe liegende Plateau über Skilifte, die bis auf 3300 Meter Höhe führen. Zudem ist es nur 80 Kilometer vom reichen Marrakesch entfernt, aus dem zahlreiche Gäste herbeiströmen. Im Sommer lockt der Ort viele Bergwanderer an. Allerdings nicht auf den nahegelegenen

Toubkal, mit 4165 Meter der höchste Berg Marokkos; sie erklimmen die weniger hohen Berge, die den Koloss umgeben, und den Sammelnamen Adrar n'Dern tragen. Das Gebiet ist Teil eines Nationalparks zum Schutz der hier nicht gerade üppigen Pflanzenwelt. Interessant ist auch ein Besuch in dem alten, inzwischen verlassenen Berberdorf, dessen Namen der moderne Fremdenverkehrsort übernommen hat.

Rechts Mit der Schneeschmelze bildet sich auf dem Hochplateau von Oukaïmeden ein hübscher Bergsee, der umso mehr erstaunt, wenn man bedenkt, wie nahe man dem Pass Tizi n'Test zum südlichen Marokko ist, wo sich bereits die ersten Sanddünen der Sahara auftürmen.

Rechts unten Eines der grünsten Täler des Hohen Atlas ist das des Flusses Oued Zate, der vom Pass Tizi n'Tichka aus nach Marrakesch fließt. An seinen Ufern wachsen Pinien, Steineichen und Oleander, und die Berber bauen Mais und Hafer an. Wegen seiner Fruchtbarkeit gehört das Tal zu den am dichtesten besiedelten der Gebirgskette. Das Gebiet gehörte früher zum Stammesgebiet der mächtigen Glaoua aus Marrakesch und ist auch als »Pays Glaoua«, Glaoua-Land, bekannt.

Auf den Bergen
an der Grenze

Links Schneefälle sind auf den Bergen des Mittleren Atlas absolut nichts Ungewöhnliches, auch wenn die Bilder in Reiseprospekten einen glauben machen, Marokko sei ein ausschließlich heißes Land.

Links unten Die Berber vom Stamme Chleuh, die in einem Talkessel des Anti-Atlas in der Gegend von Tafraout leben, schlugen die Steine für den Bau ihrer Häuser aus den nahen Granitfelsen, weshalb sich die Häuser perfekt der Umgebung anpassen. Am eindrucksvollsten ist dieser Tarneffekt im Winter.

Rechts Ausgedehnte, schneebedeckte Felder, ein paar spärliche Bauernhäuser mit rauchenden Schornsteinen, am Horizont bewaldete Berge unter einem bleiernen Himmel: ein winterliches Bild nicht im französischen Massif Central oder im italienischen Apennin, sondern im Mittleren Atlas.

S.42-43 Vom »Tal der tausend Kasbahs« aus, dem Flusstal des Dadès im südlichen Hohen Atlas, wehrten Sultane und Emire in den vergangenen Jahrhunderten die regelmäßig einfallenden Wüstennomaden ab. Um die alten Wehr- burgen herum und auch im Flussbett selbst, wächst eine üppige Vegetation, während die umgebende Landschaft immer unwirtlicher wird, je mehr man sich der Sahara nähert.

Oben links Obwohl das Klima wesentlich trockener und heißer ist als auf der Nordseite, haben die Berber auch auf der Südseite des Hohen Atlas Terrassenfelder angelegt. Der Hohe Atlas wirkt als Wetterscheide. Auf der Nordseite der Gebirgskette regnet es häufig dank der Störungsausläufer vom Atlantik, auf der Südseite nur selten.

Unten links Das Tal des Dadès war einst wie das des weiter nördlich verlaufenden Oued Zate größtenteils im Besitz des mächtigen Glaoua-Clans. Eine der Kasbahs am Dadès trägt noch heute ihren Namen. Ihr Palast in Marrakesch war so prachtvoll, dass der amtierende König Hassan II. ihn in Besitz genommen hat.

Rechts Immer wieder dienen die Kasbahs entlang des Dadès als Filmkulisse. Bernardo Bertoluccis »Himmel über der Wüste« und der Fernsehfilm »Jesus von Nazareth« wurden hier gedreht.

Oben Entlang der Straße von Ouarzazate in das Dadès-Tal liegen zahlreiche *ksour*, befestigte Lehmdörfer der Berber. Eines der interessantesten ist El-Kelaa des Mgouna, das sich auf Rosenzucht für die französische Parfümindustrie spezialisiert hat. Zur Erntezeit wird bei einem *moussem* eine Rosenkönigin gewählt.

S.46–47 Hinter Boumalne beginnt unvermittelt der schroffe Canyon des Dadès. Die Spärlichkeit der Vegetation fördert die Bodenerosion durch Regen und Wind. Der erste Frühjahrssturm trägt die dünne Erdschicht vom felsigen Untergrund fort in Richtung Wüste, die sich so immer weiter ausdehnt. Im südlichen Marokko wächst die Sandfläche nur wenige Zentimeter pro Jahr, während sich die Sahara in Ländern wie Niger und Mali mehrere Meter pro Jahr ausdehnt.

Im Angesicht der Dünen

Links Die Burgenanlagen der »Tausend Kasbahs« im Dadès-Tal bilden so etwas wie eine Grenze zwischen der Welt der Sultane und der der Nomaden. Und doch stammen die meisten der Herrscherdynastien Marokkos (von den Almoraviden bis zu den Alaouiten) aus dem Gebiet südlich dieser Scheidelinie.

Rechts Die Kasbah von Tifoultoute steht neun Kilometer entfernt von Ouarzazate, dem Endpunkt der Straße, die von Marrakesch aus über den Hohen Atlas führt. Mit ihren hohen Mauern und Türmen ähnelt sie den Wehrbauten im Dadès-Tal stark.

Mitte rechts Die Sahel, »Küste«, wie die Vorsahara in Afrika genannt wird, kann bisweilen sehr grün sein. Zum Beispiel hier im Gebiet von Tafilalet, wo Dattelpalmen wachsen, soweit das Auge reicht. Datteln waren schon von jeher das Hauptanbauprodukt der einheimischen Bevölkerung. In Erfoud, der Hauptstadt der Provinz Tafilalet, wird jedes Jahr im Oktober ein großes Dattelfest gefeiert.

Rechts unten Bodenerosion durch Wind und Regen hat diesen Berg im Süden des Hohen Atlas, in der Gegend von Ouarzazate, auf charakteristische Weise gekennzeichnet. Auch auf der Ebene sind die Spuren der Erosion erkennbar: Überall liegt Gesteinsschutt, den sie zwar ab-, aber nicht davongetragen hat. Leichtere Partikel befördert der Wind in die Ferne, wo sie sich übereinanderlagern und allmählich zu Dünen anwachsen.

Unten Merzouga, 30 Kilometer von Erfoud entfernt, ist das Tor zur Wüste. Hier erheben sich die ersten Sanddünen an der Grenze zu Algerien, unweit des früheren französischen Garnisonstädtchens Bordj Est. Sie sind Vorposten des gewaltigen Erg Chebbi, eine der größten Sandwüsten der Welt, die sich noch über Hunderte von Kilometern über algerisches Territorium erstreckt.

Rechts Die Dünen von Merzouga haben dieselbe gelbliche Färbung wie fast der ganze Erg Chebbi. Ansonsten ist der Sand der Sahara eher rötlich getönt. Die Farbe der Sanddünen hängt natürlich weitgehend von ihrer chemischen Zusammensetzung ab, doch auch die Neigung, und damit der Grad des Lichteinfalls, spielt eine Rolle.

Mitte rechts Einer arabischen Legende nach bestehen die Dünen aus Sandkörnern, die Allah vom Himmel herabwarf, um die Gläubigen für ihre Lügen zu bestrafen. Die Legende besagt auch, dass die Sahara an dem Tag verschwunden sein wird, an dem die Menschheit ehrlich wird. Im Moment allerdings dehnt sich die Wüste noch weiter aus. In Merzouga bedeckt der Sand immer wieder die geteerte Straße nach Erfoud.

Rechts unten Rissani ist ein kleiner Dorfflecken in der Provinz Tafilalet, südlich von Erfoud. Bekannt ist er aus zwei Gründen: Rissani ist die letzte Ortschaft vor der Sahara und die Alaouiten, die seit drei Jahrhunderten Marokko regieren, die Vorfahren des heutigen Königs Hassan II., stammen von hier. Zu Ehren von Moulay Cherif, der diese Dynastie im 17. Jahrhundert gründete, wurde in Rissani ein Mausoleum errichtet, das vor Jahren - so unglaublich es klingen mag - bei einer Überschwemmung schwer beschädigt wurde.

MEHR ALS NUR FOLKLORE

Links Fast alle wichtigen Feste im Jahreslauf sind religiösen Ursprungs. Dazu gehört auch der Mouloud, das Geburtsfest des Propheten Mohammed. Ähnlich wie unser Osterfest wird sein Datum nach dem Mondkalender errechnet, weshalb es zwar immer in den Sommer oder Herbst, nicht aber auf ein bestimmtes Datum fällt. Nicht nur in den Städten, auch in den abgelegensten Bergdörfern wird das »islamische Weihnachtsfest« mit Tanz und farbenfrohen Prozessionen gefeiert.

Links unten Die Religion beeinflusst den Alltag der Marokkaner bis ins Detail, auch die Ernährung und die Kleidung. Wie in der übrigen islamischen Welt tragen auch marokkanische Frauen ein Kopftuch, das hier *i'tam* heißt und normalerweise recht farbenprächtig ist.

Rechts Im Gegensatz zu anderen islamischen Ländern ist in Marokko den Frauen der Schleier nicht gesetzlich vorgeschrieben, er wird jedoch traditionell getragen. Doch das bedeutet nicht, dass die Frauen darauf verzichten würden, sich zu schmücken. Besonders die Berberinnen sind bekannt für ihr prunkvolles Geschmeide.

Links Ein Sprichwort aus der Sahara besagt: »Wo das Wasser anfängt, endet die Freiheit.« Diese instinktive Vorsicht der Wüstenbewohner vor Flüssen und dem Meer ist den Nordmarokkanern fremd. Der Loukkos, ein Fluss aus dem Rifgebirge, der bei Larache in den Atlantik mündet, war für die Bewohner dieser Gegend schon immer anziehend: Seit Jahrhunderten wird er von Fischerbooten befahren, Badegäste sieht man an seinem Ufer jedoch erst seit kurzem, die Bräuche ändern sich.

Rechts Am Ufer des Loukkos kann man beobachten, wie stark der Tourismus die marokkanischen Sitten bereits beeinflusst hat: Mit größter Selbstverständlichkeit tragen die Männer Badehosen, was noch vor wenigen Jahren absolut tabu war. Auch Frauen sieht man zum Teil in Strandkleidung, wie sie in Europa üblich ist, zum Teil jedoch auch im traditionellen *i'tam*.

Mitte rechts Die Strände am Atlantik, der »großen Wasserwüste«, werden zunehmend auch von einheimischen Touristen besucht. Am beliebtesten sind die Strände zwischen Casablanca und Rabat, wo Sonnenschirme inzwischen zum normalen Erscheinungsbild gehören.

Rechts unten Der Strand von Essaouira ist ebenfalls ein beliebtes Urlaubsziel von Marokkanern. Ganz in der Nähe befinden sich die hochmodernen Urlaubsdörfer für europäische Touristen.

S.56/57 Der *i'tam* ist tief in den Traditionen Marokkos verwurzelt. Normalerweise besteht er aus Baumwolle und wird von Hand bunt eingefärbt. Die Werkstätten der Färber, mit den in der Sonne zum Trocknen aufgehängten Tüchern, bieten in den Medinas farbenprächtige Anblicke.

Links Die Medina ist das Herz jeder arabisch-islamischen Stadt. Was oberflächlich ein Chaos scheint, basiert auf einem wohlgeordneten System von Laden- und Handwerksgassen (souks), Stätten des Studiums und des Gebets sowie Wohnvierteln. Im Souk von Marrakesch werden unter anderem kostbare Teppiche angeboten. Handel treibt fast jeder in Marokko, auch die Bauern, die ihre Ernte auf Wochenmärkten feilbieten (Mitte links).

Links unten »Kunst am Bau« in der Medina von Asilah. Alljährlich schaffen Künstler hier bei einem Kulturfestival Wandmalereien.

Unten und rechts Um den Mittelpunkt der Medina, die Freitagsmoschee herum, werden Bücher, Gebetsketten und -matten, Duftessenzen und Rauchwerk verkauft. Dann folgen Goldschmiede, Stoff- und Teppichhändler. Handwerke, die mit Lärm und Gestank die Frommen belästigen könnten, wie Gerber, Färber und Schmiede, liegen möglichst weit von der Moschee entfernt am äußeren Rand der Medina. Berühmt sind die Färber von Marrakesch (unten). Typisch für die Medina von Fes sind die vielen Gerbereien (rechts), in denen Leder für Taschen und Gürtel manchmal tagelang in Farbbottichen eingeweicht wird.

Links In der Medina von Fes el-Bali, dem älteren der beiden Stadtkerne - ein Labyrinth von Gassen, jedoch systematisch in Viertel einzelner Handwerke aufgeteilt. Schmiede, Töpfer, Schreiner, Goldschmiede u.a. sind größtenteils noch heute in Zünften organisiert, die über die Zusammenarbeit mit den Händlern bestimmen. Regelmäßig trifft man sich, um über die Aufnahme von Mitgliedern zu entscheiden, Verstöße zu ahnden oder Absatzprobleme zu diskutieren.

Rechts In Fes-el Bali, dem Inbegriff einer marokkanischen Medina, spielen auch Obst- und Gemüsehändler eine wichtige Rolle. Die Marokkaner legen großen Wert aufs Essen, ihre Küche gilt als die beste der arabischen Welt.

Mitte rechts Fast jedem Kauf gehen in Marokko Verhandlungen voraus. Gefeilscht wird nicht nur bei Luxusgütern, sondern auch bei Dingen des täglichen Bedarfs wie Datteln und Oliven. Dabei geht es nicht nur um den angemessenen Preis, sondern auch darum, sich auszutauschen. Bis vor wenigen Jahrzehnten, als es noch kein Fernsehen gab, erfuhr man alle Neuigkeiten auf den Märkten. Es gilt als unhöflich, einfach einen Preis zu nennen und sofort auf den Kauf zu verzichten, wenn der Händler nicht gleich darauf eingeht. Es wirkt, als messe man der Ware mehr Bedeutung bei als dem Händler, dem man zu verstehen gibt, dass es sich nicht lohnt, seine wertvolle Zeit mit ihm zu vergeuden.

Rechts unten Wer zum ersten Mal nach Marokko kommt, lässt sich vielleicht allzu leicht von der geschäftigen, fröhlichen Atmosphäre der Märkte beeindrucken, so dass er wertlose und überteuerte Souvenirs ersteht — besonders in den Souks der Touristenorte. Kunstvolle handwerkliche Produkte zu durchaus auch erschwinglichen Preisen findet man hingegen im Souk von Fes.

Links wenn die Hitze etwas nachgelassen hat, gehen die Marokkaner gerne »promenieren«. Auch Frauen, wobei etwa 70 % der Frauen sich in der Öffentlichkeit verschleiern.

Unten links Hinter der Stadtmauer von Taroudannt ist das Innere der Stadt ebenso geschützt wie das Privatleben der Marokkaner in den traditionell nach außen hin verschlossenen Häusern.

Unten rechts Außerhalb der großen Städte sieht man Paare nur selten zusammen auf der Straße und wenn, so geht die Frau — wo der alte Sittenkodex noch gilt — ein paar Schritte hinter dem Mann.

Rechts Die religiösen Gebote sind tief in der marokkanischen Kultur verwurzelt. Selbst in Casablanca, der modernen Metropole, bleiben Leute zu bestimmten Zeiten zum Gebet stehen und verneigen sich gen Mekka. Besonders am Freitag, dem »Sonntag« der Muslime, wird dieser Ritus mit großer Feierlichkeit begangen. Die Gläubigen folgen dem Ruf des Muezzins in die Moscheen, zu denen Nicht-Muslimen normalerweise keinen Zutritt haben. Dort wo er ihnen erlaubt ist, muss man die Schuhe ausziehen, bevor man die Schwelle überschreitet, als Geste des Respekts vor dem geheiligten Ort und um die Teppiche nicht zu beschmutzen.

Links Das Alkoholverbot ist zwar ein islamisches Gebot, in Marokko jedoch nicht gesetzlich vorgeschrieben. Es obliegt dem Ermessen des Einzelnen. In einigen Gegenden Marokkos werden ausgezeichnete Weine angebaut – offiziell den Nichtgläubigen vorbehalten. Eine sehr viel größere Rolle als Alkohol spielt Wasser, das schon früher überall von Straßenhändlern feilgeboten wurde, die an ihrem roten Gewand und ihrem breitkrempigen Bommelhut leicht zu erkennen sind. Diese Tradition hat sich sogar in Casablanca erhalten, obwohl hier inzwischen jede Wohnung über fließendes Wasser verfügt. Wer Durst hat, braucht nur dem Klang der Glöckchen zu folgen.

Unten Wie in fast allen arabischen Ländern gilt Tee auch in Marokko als Nationalgetränk. Woraus er hergestellt wird, ist von Gegend zu Gegend verschieden, am häufigsten trinkt man jedoch Pfefferminztee. Die Zubereitung ist oft ein wahres Ritual, besonders bei der Bevölkerung in der Sub-Sahara. Der Tee wird immer dreimal serviert, zuerst stark und bitter, dann mittel und schließlich leicht und sehr süß. In den Städten trifft man neben Wasserverkäufern auch Teeverkäufer wie den Mann unten rechts im Kreise einer Gruppe von Straßenmusikanten.

Kaffee, obschon geradezu eine arabische Erfindung, wird seltener getrunken.

Berber waren vor den Arabern da

Links und unten Typische Darbietungen marokkanischer Folklore sind die »Fantasias«, kriegerische Reiterspiele, die an wichtigen Festen wie Achoura (Jahresbeginn nach dem islamischen Mondkalender), Mouloud (Geburtstag des Propheten Mohammed), Aïd-es-Seghir (Ende des Fastenmonats Ramadan) und Aïd-el-Kebir (Schlachtfest zum Gedenken an Abrahams Opferung seines Sohnes Isaak) dargeboten werden. Die Frauen unter den Zuschauern untermalen die Darbietungen mit typischen Anfeuerungsrufen.
Auf dem Höhepunkt einer Fantasia werden die Pferde in schnellem Galopp auf die Zuschauer zugelenkt und erst wenige Meter vor ihnen abrupt angehalten. Genau in diesem Augenblick schießen alle Reiter gemeinsam in die Luft. Die Fantasias sind ein uraltes Ritual, das vermutlich auf eine Mutprobe für junge Männer zum Eintritt ins Erwachsenenleben zurückgeht. Pferde gehörten im Maghreb von jeher zum Alltag: Die numidische Kavallerie war schon in den Punischen Kriegen gefürchtet, und Berberpferde sind eine in aller Welt geschätzte Rasse.

Unten Eine Hochzeitsfeier wie diese in Merzouga im Tafilalet ist ein Fest, das die ganze Dorfgemeinschaft einschließt und oft mehrere Tage andauert. Bei solchen Anlässen treten Guedra-Tänzerinnen auf, die rituelle Tänze vorführen, deren rhythmische Bewegungen bis zu einem Trancezustand führen können - eine uralte Tradition, die strenggläubigen Muslimen immer ein Dorn im Auge war. Auch in religiöse Feste, die *moussems*, mischen sich bisweilen alte, volkstümliche Bräuche. So zum Beispiel

beim »Moussem des fiançailles« der Ait Haddidou-Berber in Imilchil. Der religiöse Anlass für das Fest, zu dem Tausende von Gästen in das Bergdorf im Hohen Atlas strömen, ist der Festtag eines Heiligen. Nach Gebeten und Tieropfern an seinem Grabmahl nutzen jedoch die Ait Haddidou die Gelegenheit, Verlobte auszugucken und Eheverträge mit Kandidaten aus den sonst weit entfernt lebenden Gruppen zu schließen. Die Initiative zur Partnerwahl obliegt dabei den jungen Damen.

Rechts Bei den Berbern haben Frauen eine wichtige Stellung inne, bei einigen Stämmen kann man fast von einem Matriarchat sprechen. Man darf aus dem Anblick dieses verschleierten jungen Mädchens aus Merzouga also nicht folgern, dass es wie eine Gefangene gehalten würde. Der Schleier, der das ganze Gesicht bedeckt, gehört zum üblichen Brautgewand, vergleichbar mit dem weißen Schleier einer europäischen Braut.

Links Marokko ist ein bedeutender Getreideproduzent. Am häufigsten werden Weizen, Gerste, Mais, Roggen und auch Reis angebaut. Ein Großteil des Roggens (10 000 Tonnen jährlich) und des Weizens (16 000 Tonnen pro Jahr), stammen aus den Bergebieten, wo noch heute mit traditionellen Methoden Landwirtschaft betrieben wird.

Unten Berber beim Dreschen im Hohen Atlas.

Rechts Auch in der Gegend um Ouarzazate, am Südhang des Hohen Atlas in Richtung Sahara, haben die Berber die Böden fruchtbar gemacht. Trotz der Wüstennähe gibt es genügend Wasser.

Unten Im Tal des Ourika, nördlich von Marrkesch, treiben Berber ebenfalls seit Jahrhunderten Landwirtschaft. Inzwischen hat sich das Tal jedoch zunehmend entvölkert, die Stadt verspricht lukrativere Arbeitsplätze.

Links Der Touristenboom hat Teppichhändlern wie diesem in Merzouga zu einem großen Aufschwung verholfen. Nur Berberteppiche sind »echte« marokkanische Teppiche: Sie sind aus Ziegen- oder Kamelhaar, haben geometrische Muster und fühlen sich recht rauh an.

Unten Bernardo Bertoluccis Film »Der Himmel über der Wüste« nach dem gleichnamigen Roman von Paul Bowles hat die »Blauen Männer« Marokkos weltweit bekannt gemacht. Sie sind keine Tuareg, sondern Berber vom Stamm der R'Guibat. Die Tuareg leben in Algerien, Mali, Niger und Libyen.

Rechts Bei den »Blauen Männern« sind es nicht die Frauen, die den Schleier (*chech*) tragen, sondern die Männer. Allerdings hat dieser Brauch keine religiösen, sondern vielmehr praktische Gründe. Die Kopfbedeckung schützt das Gesicht vor Sonne, Wind und Sand. Um das bis zu acht Meter lange Tuch kunstgerecht um den Kopf wickeln zu können, bedarf es einiger Übung. Wie ihre Verwandten, die Tuareg, haben auch die »Blauen Männer« Marokkos über die Jahrhunderte hinweg im unmenschlichen Wüstenklima mit Kamelkarawanen Handel bis nach Schwarzafrika getrieben.

VON SULTANEN UND VON STÄDTEN

Links Wolkenkratzer, Verkehrschaos und geschäftiges Treiben: Mit zweieinhalb Millionen Einwohnern ist Casablanca die größte Stadt Marokkos und die drittgrößte Nordafrikas. Als Sitz vieler Großunternehmen ist sie das Symbol für das moderne, wohlhabende Marokko. Die Stadt hat eine bewegte Vergangenheit: gegründet im 12. Jahrhundert, wurde sie 1468 von den Portugiesen zum Teil und 1755 von einem Erdbeben fast vollständig zerstört.

Links unten Unweit des heutigen Meknes befindet sich das Ruinenfeld des antiken Volubilis mit seinen Säulenresten und Trümmern. Hier wurde älteste marokkanische Geschichte geschrieben. Die Stadt wurde im Jahre 25 v.Chr. von Juba II., dem König von Mauretanien, gegründet und 44 n.Chr. von den Römern erobert. Unter Kaiser Caracalla (188-217 n.Chr.) erlebte sie ihre Blütezeit, danach wurde sie verlassen und zerfiel.

Rechts Das Eingangstor zum Königspalast ist ein Symbol für Rabat, die sechstgrößte Stadt des Landes und heutige Hauptstadt. Rabat entwickelte sich aus einem im 10. Jahrhundert errichteten Wehrkloster und war lange Zeit ein gefürchtetes Piratennest. Erst 1913 wurde es zur Hauptresidenz des Königs.

Entlang der Atlantikküste

Links Der wohl malerischste Ort an der Atlantikküste ist Essaouira, das vermutlich schon von den Phöniziern gegründet wurde. Dank einer Purpurmanufaktur erlangte es in der Römerzeit große Bedeutung, indem es die Römer mit diesem kostbaren Farbstoff belieferte. Unter dem Namen Mogador war es im 16. Jahrhundert bekannt, als

die Portugiesen hier einen Stützpunkt errichteten und die Stadt mit mächtigen Wehranlagen umzogen — die ideale Szenerie für Historienfilme. Orson Welles drehte hier seinen »Othello«. In den letzten Jahren setzt Essaouira verstärkt auf einen gehobenen Tourismus.

Oben Auf der alten Wehrmauer von Essaouira stehen noch die alten Kanonen, mit denen die Portugiesen den Hafen und das nahe Meer überwachten.

Unten Während Essaouira male-
risch, antik und exklusiv ist, ist
Agadir, seine langjährige Rivalin
auf dem Atlantik, modern, funk-
tionell und überfüllt. Auch das an
der fruchtbaren Mündung des Oued Souss gelegene Agadir war ein

portugiesischer Stützpunkt, allerdings nur von 1505 bis 1541. Heute ist es einer der bedeutendsten Ferienorte Marokkos mit dem größten Hotelangebot nach Marrakesch und einem gutentwickelten Touristenservice. Im Vergleich zu Essaouira besitzt Agadir kein besonderes Flair und wirkt mit seinen Betonhäusern sehr nüchtern und modern. Das heutige Aussehen der Stadt ist die Folge des verheerenden Erdbebens vom 29. Februar 1960, das 15 000 Todesopfer forderte. 20 000 Menschen wurden obdachlos, 80 % der Gebäude zerstört oder schwer beschädigt und im Verlauf der letzten Jahrzehnte in modernem Stil wieder aufgebaut.

Links Einheitlich weiße, moderne Gebäude, breite Straßen, ein monumentaler Springbrunnen, der in regelmäßigen Abständen hohe Wasserfontänen in die Luft spritzt – das ist Place Mohammed V., wichtigster Verkehrsknotenpunkt von Casablanca und symbolisches Zentrum des modernen, effizienten, pulsierenden Marokko. Doch nicht weit davon erstreckt sich im Westen die Altstadt, die sich kaum von den traditionellen Medinas anderer marokkanischer Städte unterscheidet: enge, labyrinthartige Gässchen, die nicht nur wegen der vielen Einbahnstraßen mit dem Auto kaum befahrbar sind. Östlich des Platzes liegt der »Marché Central«, einer der größten Fisch-, Obst- und Gemüsemärkte des Landes. Hier ist wenig vom frenetischen Großstadtrhythmus zu spüren; nur die traditionelle Geschäftigkeit herrscht vor, auch hier ist es noch immer ein ungeschriebenes Gesetz, um jeden Artikel zu feilschen.

Rechts Das Straßenbild von Casablanca wird weitgehend von modernen Gebäuden beherrscht. Hier drei Aufnahmen aus verschiedenen Blickwinkeln, die alle dasselbe Panorama zeigen. Dass die Stadt eine Sonderstellung in Marokko einnimmt, belegen einige Zahlen: Hier sind 60 % der Produktionsbetriebe des Landes angesiedelt, sie verbraucht 30 % der gesamten Energie, obwohl hier nur rund 10 % der Bevölkerung leben, und in der Nähe der Place Mohammed V. haben 90 % der in Marokko tätigen Banken ihren Sitz. Wer hier nach der exotischen Atmosphäre aus dem berühmten Film »Casablanca« mit Humphrey Bogart und Ingrid Bergman sucht, wird enttäuscht: Zu viel Zeit ist seit jenem Film vergangen.

S.82–83 Aus der Kolonialzeit stammen in Casablanca etliche elegante Bauten der Zwanziger Jahre rund um die Place des Nations Unies, wie der hier abgebildete Justizpalast.

Obwohl erst 1993 eingeweiht, gilt die Moschee Hassan II., mit der sich der König ein Denkmal sezte, bereits als das Wahrzeichen Casablancas. Diese größte Moschee ganz Nordafrikas bietet Platz für insgesamt 105 000 Gläubige. Mit 200 Meter Höhe ist ihr Minarett das höchste der Welt. 3300 Handwerker und 35 000 Arbeiter haben die Moschee erbaut und mit 53 000 Quadratmetern Holz- und 67 000 Quadratmetern Gipsschnitzereien geschmückt. Insgesamt kostete der Bau fast eine Milliarde Mark. Mit Elektromotoren kann das Dach des Komplexes geöffnet werden, nachts weist ein Laserstrahl den Weg nach Mekka.

Obwohl mit ultramodernen Techniken gebaut, verwendet das Design der Moschee Hassan II. die traditionellen Elemente der islamisch-maghrebinischen Kunst. Portale, Kuppeln und Schnitzereien ähneln jenen der Moschee El-Karaouine von Fes. Das Minarett ist in traditionellem Stil gehalten; es ähnelt dem der Koutoubia-Moschee, dem berühmten Turm von Marrakesch.

Da es im Koran heißt, der Thron Allahs stehe am Wasser, wurde die Moschee Hassan II. direkt am Atlantik errichtet. Das Ergebnis beeindruckt: Vom Meer sieht es so aus als erhebe sich die Moschee direkt aus dem Wasser. Ihre Mauern schmücken Kachel- und Glasornamente, durch die Licht in den Gebetssaal fällt. Für die Glas- und Kristallarbeiten wurden vorwiegend italienische Handwerker herangezogen. Im Gebetssaal zum Beispiel hängen 50 Kronleuchter aus Muranoglas.

Die geschnitzten Profile der Bögen in der Fassade sowie die Verwendung von Majolikakacheln, auch für den Hofbrunnen, sind beliebte Elemente der traditionellen maghrebischen und spanisch-maurischen Architektur. Die vorherrschenden blauen Farbtönen der Dekorationen zitieren das Meer, das einen Teil der Moschee umgibt.

Links Jedes Land hat seinen »Gründervater«, im Falle Marokkos ist dies Mohammed V., die Leitfigur im Kampf um die Unabhängigkeit und erster König nach der Kolonialzeit. Ihm zu Ehren wurde im Zentrum von Rabat das hier abge-

bildete Mausoleum im neo-maurischen Stil errichtet. Sein Sarkophag ist dem Napoleons nachempfunden und wird rund um die Uhr von einer Ehrengarde bewacht. Mohammed V. entstammte der Dynastie der Alaouiten und regierte formell bereits Anfang der Fünfziger Jahre, als Marokko noch Kolonie war. Als der Sultan 1953 versuchte, seine Souveränität wiederzuerlangen, wurde er nach Korsika ins Exil geschickt. Erst als Frankreich aufgrund von innenpolitischem Druck und vielen Kleinkriegen 1955 die Unabhängigkeit Marokkos anerkennen mußte, kehrte Mohammed 1957 auf den Thron zurück. Nach seinem Tod übernahm sein ältester Sohn, König Hassan II., die Regierung.

Der Hof des letzten Sultans

Links oben Das Museum für marokkanische Volkskunst in Rabat ist in einem Palast untergebracht, den Moulay Ismaïl, der Sultan von Meknes, 1680 als Residenz errichten ließ.

Links unten Die Gärten der Festung von Rabat sind unter der Bezeichnung »andalusische Gärten« bekannt. So benannt nach einer bunten Schar von spanischen Reconquistaflüchtlingen, vorwiegend aus Andalusien, die sich hier einst als Piraten niederließen.

Rechts Der Hassanturm ist das wichtigste Bauwerk von Rabat. Er sollte das Minarett einer riesigen Moschee werden, deren Grundsteinlegung Yacoub el-Mansour, Gründer von Rabat und bedeutender Herrscher der Almohaden-Dynastie, 1195 veranlasste. Sie sollte einundzwanzig, von 354 Säulen getragene Schiffe umfassen. Nach seinem Tod wurden die Bauarbeiten eingestellt, die Ruinen dem Verfall preisgegeben und bei dem Erdbeben von 1755 schwer beschädigt. Von der inzwischen wieder restaurierten Anlage kann man, abgesehen von dem 44 Meter hohen und 16 Meter breiten Turm, heute noch 200 Säulen und Säulenreste sehen.

Rechts oben Die Mauern des königlichen Palasts vom Hof, dem Mechouar, aus gesehen. Tagsüber ist der Innenhof öffentlich zugänglich, nachts werden alle Pforten der Palastanlage verschlossen.

Mitte rechts Die elegante, mit Palmen und Blumenbeeten geschmückte Avenue Mohammed V. im Zentrum von Rabat.

Unten Vor dem königlichen Palast steht die Palastgarde in ihren typischen Uniformen. Diese Truppe wurde im 17. Jahrhundert von Sultan Moulay Ismaïl aufgestellt, der seine Anhänger aus den unteren Schichten des Volkes rekrutierte. Das Recht, ihr anzugehören, wurde meist vom Vater auf den Sohn vererbt.

Rechts In der Moschee Ahl-Fass von Rabat pflegt der König für gewöhnlich zu beten. Sie liegt nur etwa hundert Meter entfernt dem Palast gegenüber. Zum Freitagsgottesdienst geht der König, begleitet von seiner Leibgarde und den Blicken Neugieriger, zu Fuß.

S.90/91 Besonders am Abend, wenn sich die Lichter der Medina im Fluss spiegeln, ist Rabat faszinierend.

Auf den Säulen des Herkules

Links Die Stadtmauern von Asilah, einem schönen Fischerort am Atlantik, wurden von den Portugiesen errichtet. Dahinter verbirgt sich ein gepflegter Stadtkern. Asilah hat wenig Marokkanisches an sich, es erinnert eher an eine andalusische oder portugiesische Stadt, was es im Grunde genommen auch ist.

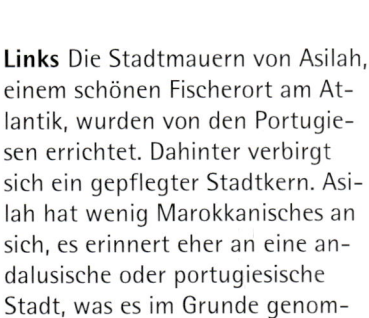

Rechts oben Direkt an der alten portugiesischen Stadtmauer ließ Pascha El-Raisouli, der despotische Regent Asilahs zu Beginn des 20. Jahrhunderts, einen Palast errichten, in dem heute jeden Sommer ein Kulturfestival stattfindet.

Mitte rechts, oben Die Medina von Asilah gehört zu den schönsten Marokkos. Die typischen Häuserfassaden erinnern an den Stil der Fischerorte jenseits der Straße von Gibraltar.

Mitte rechts, unten Der Palast El-Raisoulis grenzt direkt an das Wasser. Vor seiner Ernennung zum Pascha soll El-Raisouli ein gemeiner Straßenräuber gewesen sein.

Rechts unten Vom Wehrvorsprung der Stadtmauer aus hat man einen großartigen Blick auf den Atlantik und auf flache Felsenriffe.

Links Unweit der Straße von Gibraltar, direkt am Atlantik, liegt Tanger, die europäischste aller marokkanischen Städte. Das betrifft sowohl die Sprache (eine seltsame Mischung aus Arabisch und Spanisch) als auch die Bräuche und die Kultur. Das liegt sicher nicht zuletzt an den vielen europäischen Schriftstellern und Künstlern, die sich von Tanger inspirieren ließen und sich hier ansiedelten. Internationales Flair tritt besonders deutlich am Platz vor dem Hauptbahnhof zutage, wo sich das europäische mit dem afrikanischen Verkehrsnetz verbindet.

Rechts oben Die eleganteste und lebhafteste Straße von Tanger ist der Boulevard Pasteur mit seinen Cafés, Restaurants, Nachtbars und Diskotheken.

Mitte rechts, oben In Tanger gibt es zwei Märkte, den Grand Socco und den Petit Socco (vom arabischen: *souk*). Interessanter ist letzterer, der in Richtung Hafen liegt. Hier verkehrten Samuel Beckett, Tennessee Williams, Truman Capote, und zuweilen kann man hier auf den in Tanger lebenden Paul Bowles stoßen.

Mitte rechts, unten Der Hafen von Tanger geht auf die Phönizier zurück und gehört somit zu den ältesten der Welt. Für die vielen Touristen, die mit der Fähre ankommen, ist er das Tor zu Marokko.

Rechts unten Wegen seiner vielen Museen, Clubs und Institute ist Tanger von großer kultureller Bedeutung. Das Museum für marokkanisches Kunsthandwerk ist im ehemaligen Königspalast untergebracht.

Unten Chechaouen, eine malerische Kleinstadt im Rif, liegt am Fuße des Berges Tissouka (2050 Meter) etwa 70 Kilometer vom Meer entfernt. Im 15. Jahrhundert wurde es vorwiegend als Zufluchtsort andalusischer Mauren und Juden gegründet. Von Seiten der Sprachforscher hätte es mehr Aufmerksamkeit verdient, denn der lokale Dialekt erinnert stark an das alte Spanisch der damaligen Zeit.

Rechts oben Inmitten der Medina liegt die Kasbah von Chechaouen, die an den Helden Abd el-Krim erinnert. Nach jahrelangen Kämpfen gegen die französischen und spanischen Kolonialisten eroberte er die Stadt 1921. Lange schien seine Festung uneinnehmbar, doch trotz der Unterstützung der hier lebenden Berber unterlag er 1926 einer 250 000 Mann starken französisch-spanischen Offensive und wurde in der Kasbah eingekerkert.

Unten Die Moschee von Chechaouen liegt an einem großen Platz. Genau hier musste Abd el-Krim 1926 vor den französischen Truppen kapitulieren. Die Bevölkerung des Rif, die sich schon immer jeglicher Fremdherrschaft widersetzte, verehrt Abd el-Krim noch heute als Nationalhelden. Um Autonomiebestrebungen einzudämmen, hat der König im Rifgebirge einen Radiosender im lokalen Dialekt erlaubt.

Die Häuser in der malerischen Medina von Chechaouen sind hauptsächlich in Weiß und Blau gehalten. Die weiße Farbe reflektiert die Strahlen der Sonne und kühlt so die Häuser. Blau hingegen soll Insekten abhalten, die lästigen Tierchen haben angeblich eine Abneigung gegen Blau. Ob dieser Glaube nun haltbar ist oder nicht – im Mittelmeerraum werden sehr viele Häuser weiß und blau gestrichen, in Marokko jedoch ist dies eher die Ausnahme.

Links Am Ende des Decumanus Maximus, der Hauptstraße von Volubilis, erhebt sich der Triumphbogen des Caracalla. Doch trotz dieses Namens soll das Bauwerk nicht auf Kaiser Caracalla (188–217 n.Chr.) sondern auf Marc Aurel (121–180 n.Chr.) zurückgehen.

Unten Zur Zeit von Caracalla zählte Volubilis etwa 20 000 Einwohner. Nach dem Untergang des Römischen Reiches verlor die Stadt an Bedeutung. Seit dem großen Erdbeben von 1755 ist sie gänzlich zerstört.

Pompeji des Maghreb

Unten Im Mittelpunkt der Stadt, an exponierter Stelle unweit des Forums, stehen noch acht Säulen des ehemaligen Kapitols. Ganz in der Nähe wurden auch gut erhaltene Statuen ausgegraben, die sich jedoch heute aus Sicherheitsgründen im Archäologischen Museum von Rabat befinden.

Rechts Etwas aussagekräftiger sind die Reste der Basilika, dem ehemaligen Markt- und Gerichtsort. Die Ausmaße des Bauwerks legen Zeugnis ab von der wirtschaftlichen und kulturellen Blütezeit des antiken Volubilis, die bis zum 3. Jahrhundert christlicher Zeitrechnung andauerte. Obwohl die Stadt von ansässigen Berbern gegründet worden war, blieben nur wenige Spuren aus vorrömischer Zeit erhalten - zu tiefgreifend war der Einfluss der Eroberer.

Links Zu den wertvollsten Fundstücken von Volubilis gehören die Mosaikfußböden, die in einigen Patrizierhäusern erhalten geblieben sind. Dazu gehören das »Haus des Orpheus«, das »Haus der Venus«, das »Haus des Bacchus mit den vier Jahreszeiten«, das »Haus der Taten des Herkules« und das »Haus der badenden Nymphen«. Die Mosaike stammen aus dem 2. und 3. Jh.n.Chr. Hier das unter dem Namen »Badende Venus« bekannte Mosaik, das die Göttin zwischen zwei Nymphen beim Bade zeigt.

Rechts Neben dem »Haus des Bacchus« in Richtung Forum, befinden sich die Ruinen eines Hauses, dessen Mosaikfußboden die sieben Aufgaben des Herkules darstellt.

Rechts unten Im »Haus des Bacchus mit den vier Jahreszeiten« befindet sich ein berühmtes Mosaik, das den mit einem Rebenkranz geschmückten römischen Gott des Weines darstellt. Diese Abbildung beweist die Verbreitung des dionysischen Kultes und lässt auf Weinanbau schließen, der damals im südwestlichen Teil des Römischen Reiches offensichtlich an der Tagesordnung war. Interessanterweise wird im nahegelegenen Meknes noch heute Wein angebaut.

Fes: das alte Herz Marokkos

Links Unter den Meriniden, die ab 1250 für drei Jahrhunderte in Fes herrschten, wurde für die Sultane diese Nekropole außerhalb der Stadtmauer angelegt. Heute sind davon nur noch Ruinen zu sehen.

Unten Die beiden Altstadtkerne, Fes el-Jedid und Fes el-Bali, sind jeweils von eigenen Stadtmauern umgeben. Innerhalb der Mauern von Fes el-Jedid liegt unter anderem der Königspalast.

Rechts Fes el-Bali wurde im 9. Jahrhundert von den Idrissiden gegründet. Aus dem verwinkelten Gassengewirr ragen die Minarette der Moscheen, Medersen und Koranschulen empor, für die Fes in der islamischen Welt bekannt ist.

Unten Das berühmteste Bauwerk in Fes el-Bali ist die Karaouine-Moschee. Angeschlossen an das im Jahre 859 errichtete Bethaus ist die gleichnamige Universität - 956 gegründet, die älteste Hochschule der Welt.

S.106/107 Der von Mauern umschlossene älteste Stadtkern von Fes, Fes el-Bali, von Außen.

Im Zentrum des Merinidenviertels von Fes el-Jedid liegt ein Königspalast, in dem sich König Hassan II. zeitweise aufhält. Die Öffentlichkeit hat hier keinen Zutritt, auch nicht zu den angrenzenden königlichen Gärten, die zu den schönsten in Marokko gehören sollen. In der Nähe des Palastes befindet sich die Mellah, das ehemalige Judenviertel. Heute sind nur noch wenige Juden hier ansässig. Früher bildeten sie die größte religiöse Minderheit der Stadt.

Rechts oben Acht Tore (*bab*) führen durch die Stadtmauer von Fes el-Bali. Das eindrucksvollste ist Bab Boujeloud, das auf die Grand Talaa führt, eine wichtige Straße, die in das Labyrinth der Medina führt. Durch das mit farbigen Glasurkacheln verkleidete Tor erblickt man das Minarett der Medersa Bou Inania.

Rechts Etwas strenger als das Bab Boujeloud sind die Tore in der Stadtmauer von Fes el-Jedid, die aus der Merinidenzeit (14. Jahrhundert) stammen. Alle Bauwerke von Fes, egal welcher Epoche oder welchen Stadtteils, fügen sich durch ihre immer gleiche gelbliche Farbe zu einer harmonischen Einheit. Die Unesco hat Fes wegen seiner Einmaligkeit zu einem der »Schätze der Menschheit« erklärt.

Links Bab Boujeloud bei Nacht. So alt wie es scheint ist es allerdings nicht: Es wurde erst 1913 errichtet.

Unten Zum Gedenken an Moulay Idriss II., den Gründer und Schutzheiligen der Stadt, wurde in Fes el-Bali ein Mausoleum errichtet. Es gehört zu den wichtigsten Wallfahrtsorten der Marokkaner.

Rechts Gemäß der Warnung des Koran, mit Reichtum nicht zu prahlen, sind die Häuser und Paläste in Fes außen relativ schlicht gehalten. Im Inneren jedoch findet man üppige Dekorationen, so auch im Mehnebi-Palast in Fes el-Bali.

Unten Auf einer Anhöhe neben Fes el-Jedid erhebt sich die Kasbah des Cherarda, eine Festung aus dem 17. Jahrhundert. Ab dem späten Nachmittag, wenn es kühler wird, beginnt hier ein lebhaftes Treiben.

Rechts unten Hier eine nächtliche Aufnahme der Stadtmauer von Fes el-Jedid, die mit finanzieller Unterstützung der Unesco vor kurzem restauriert wurde. Die Instandhaltung der Altstadthäuser von Fes verschlingt Unsummen.

Rechts Die Medersa Bou Inania ist die wichtigste und schönste Hochschule von Fes. Sie wurde um 1350 vom Sultan Abou Inan errichtet, als Konkurrenz der damals in ganz Nordafrika bekannten Universität der Moschee Karaouine. Für das Prestige seiner Hochschule scheute der Sultan keine Kosten: Er ließ sie reich ausschmücken, und ließ nach Abschluss der Bauarbeiten alle Rechnungsbücher fortwerfen, zum Zeichen, dass Kunst unbezahlbar sei.

Meknes: düster und prachtvoll

Links Das Mausoleum von Moulay Ismaïl ist der meistbesuchte Ort in Meknes und gehört zu den bedeutendsten Grabmoscheen Marokkos. Obwohl er in Europa immer als grausamer Despot angesehen wurde, wird Ismaïl in seiner Heimat als Heiliger und Held verehrt.

Mitte links, oben Von außen wirkt der Königspalast des Moulay Ismaïl eher nüchtern und schmucklos, wie es den Empfehlungen des Koran entspricht, der allzu großen Prunk ablehnt.

Mitte links, unten Moulay Ismaïl ließ seine Residenz Meknes zur gewaltigsten Festung Nordafrikas ausbauen. Für den Fall einer Belagerung ließ er unterhalb der Zitadelle enorme Lager und Getreidespeicher wie diesen bauen.

Links unten Die Residenz Moulay Ismaïls wurde kurz nach seinem Tod zerstört. Der heutige Königspalast ist eine Zweitresidenz von Hassan II., zu der die Öffentlichkeit keinen Zutritt hat.

Rechts Das Mausoleum von Moulay Ismaïl ist ein großer Komplex mit zwei Vorhöfen, einer Moschee und dem eigentlichen Grabraum. Die traditionelle maurische Architektur wurde durch antike Elemente wie Säulen mit korinthischen Kapitellen bereichert.

S.116/117 Die Medersa Bou Inania wurde - wie die gleichnamige Koranschule in Fes - um 1350 von Sultan Abou Inan errichtet. Hier wie dort wurden die Wände reich verziert und mit einer Vielzahl von Holz- und Gipsschnitzereien geschmückt.

Marrakesch:
die Heißgeliebte

Links Obwohl er nicht von bedeutenden Gebäuden umgeben wird, ist die Djemaa el-Fna der berühmteste Platz Marokkos. Er liegt im Herzen von Marrakesch, unweit des Eingangs zum Souk, dem riesigen Markt, in der Medina. Marktstände reihen sich hier aneinander, Gaukler, Akrobaten, Märchenerzähler und Schlangenbeschwörer treten auf. Früher war das anders. Djemaa el-Fna bedeutet übersetzt »Platz der Gehängten« – hier fanden einst Hinrichtungen statt.

Rechts oben Das Bab Aghmat ist vielleicht nicht das schönste, aber bestimmt das wichtigste Stadttor von Marrakesch: ein Bauwerk voller symbolischer Bedeutung und geschichtlicher Bezüge. Hier begann die uralte Handelsstraße nach Süden. Für Jahrhunderte war dieses Tor eine Art Grenze zwischen dem Marokko der Sultansstädte und der Vorsahara.

Rechts unten Zweiundsechzig Mitglieder der Sultansfamilie ruhen in den Saaditengräbern, einer großen Nekropole, die unter Ahmed el-Mansour (1578-1603) angelegt wurde. Sie besteht aus insgesamt drei prunkvollen Mausoleen mit Zedernholzdecken und Säulen aus italienischem Marmor.

S.120/121 Auch nachts sprüht die Djemaa el-Fna vor Leben; besonders während des Ramadan, dem islamischen Fastenmonat, wenn die gläubigen Muslime bis zum Abend weder essen noch trinken. Nach Sonnenuntergang trifft man sich zum gemeinsamen Abendessen, und der große Platz ist einer der beliebtesten Treffpunkte. Zahlreiche Stände bieten Kouskous, Hähnchen mit Zitrone, Reis, Pfefferminztee und Süßigkeiten an, die diesen Tagen vorbehalten sind.

Unten Marrakesch besitzt viele herrliche Gebäude auch relativ neueren Datums. Dazu gehört das Palais de la Bahia aus dem 19. Jahrhundert, die ehemalige Residenz des Großwesirs von Sultan Hassan I. Der Name der Residenz,

Bahia, wörtlich »die Strahlende«, soll auf die Lieblingsfrau des Wesirs zurückgehen, die einen kompletten Flügel des Palastes bewohnte. Heute werden wichtige Staatsgäste hier komfortabel untergebracht.

Rechts Brunnen gibt es im Palais de la Bahia gleich mehrere – ein Statussymbol in einem Land, wo Wasser als wertvolles Gut gilt.

Rechts unten Wenn er keine Staatsgäste des Königs beherbergt, ist der Palast de la Bahia als Museum geöffnet. Im Inneren kann man wunderschöne Säle mit bemalten Decken, Fayencen und Marmorfliesen bewundern.

Links oben Zum Palais de la Bahia gehören herrliche Innenhofgärten mit üppigem Pflanzenwuchs. Die bekanntesten von Marrakesch sind jedoch zweifellos die Menaragärten.

Links unten Des öfteren wird das Palais de la Bahia als Schauplatz für Filme mit orientalischem Flair genutzt: In diesem Hof wurden zum Beispiel einige Szenen für den Film »Der Wüstenlöwe« gedreht.

Unten Wie in allen Königsstädten gibt es auch in Marrakesch einen Palast, der dem König als Zweitresidenz dient. Hier jedoch hält sich Hassan II. nicht nur sporadisch auf: In der Hauptstadt der Almoraviden-Dynastie verbringt der Herrscher drei Monate im Jahr. Der Palast wurde zu Beginn des 20. Jahrhunderts von der mächtigen El-Glaoui-Familie erbaut und erst später dem Königshaus überlassen.

Rechts oben Von allen Toren in der Stadtmauer von Marrakesch ist das Bab Agnaou mit seinem muschelförmigen Dekor die schönste und älteste Hinterlassenschaft der Almohaden. Errichtet wurde es unter Sultan Yacoub el-Mansour (1184-1199) und gehörte zu einer gewaltigen Kasbah mit zwölf Palästen, die von künstlich angelegten Seen umgeben war, jedoch längst zerstört ist.

Rechts unten Das Bab el-Raha ist angeblich das älteste Tor Marokkos, und die eckigen Türme — schmucklos, wie es dem ursprünglichen Charakter der Stadt entsprach, die eine Festung der strenggläubigen Almoraviden war — scheinen dies zu bestätigen. In der Nähe des Tors warten oft falsche »Blaue Männer« mit Kamelen, um sich gegen Geld fotografieren zu lassen.

S.126/127 Reisende des 19. Jahrhunderts haben in höchsten Tönen von Marrakesch geschwärmt. Zum Mythos Marrakesch haben wesentlich die berühmten roten Stadtmauern beigetragen. Sie sind nahezu tausend Jahre alt: Errichtet wurden sie unter dem Almoraviden-Sultan Ali Ben Youssef (1107-1143), dem Sohn des Stadtgründers Youssef Ben Tachfin.

Unten Im Mausoleums von Moulay Ismaïl. Neben dem Mausoleum von Mohammed V. in Rabat ist dies die einzige geheiligte Stätte Marokkos, zu der auch Nicht-Muslime Zutritt haben.

BILDNACHWEIS:
Alle Fotografien in diesem Band stammen von Alfio Garozzo / White Star Archiv, mit Ausnahme der fogenden:

Antonio Attini / White Star Archiv: Seite 74, 81 Mitte und unten,84 unten, 100, 101, 102, 103.
Stefano Amantini / Atlantide: Seite 9, 14-15, 60, 61, 65, 104 unten, 106-107, 108-109, 109 unten, 110 oben, 111, 112, 113 unten, 124, 125, 126-127.
Stefano Cellai: Seite 6-7, 33 oben, 66-67.
Bruno Hadjih / Agenzia Franca Speranza: Seite 66.
M. Mastrolillo / SE: Seite 73.
Andrea Pistolesi: Seite 19, 29, 30 oben rechts, 40 oben, 40-41, 51 unten, 78.
Angelo Tondini / Focus Team: Seite 72 unten.

Die Deutsche Bibliothek - CIP-Einheitsaufnahme

Reise durch Marokko / Daniela Schetar. Übers.: Anne L. Braun. - Würzburg : Stürtz, 1997
ISBN 3-8003-0804-5
NE: Schetar-Köthe, Daniela; Braun, Anne L. [Übers.]

© 1997 Stürtz Verlag, Würzburg
Schutzumschlag und Typografie: Margarita Mengele, Würzburg
Übersetzung (Bildunterschriften): Anne L. Braun
© der Originalausgabe:
1997 Edizioni White Star, Vercelli
Gestaltung: Anna Galliani
Karte: Christina Franco
Alle Rechte vorbehalten
ISBN 3-8003-0804-5